LE CHATEAU

DE

CARROUGES.

Paris. Imprimerie de H. V. DE SURCY et Cᵉ, rue de Sèvres, 37.

LE CHATEAU

DE

CARROUGES

OU

LA FÉE DE LA FONTAINE

(Légende du VIe siècle.)

—

SOUVENIRS D'UN VOYAGE EN NORMANDIE.

(Extrait d'un *Précis historique sur plusieurs localités du département de l'Orne.*)

PARIS,

TYPOGRAPHIE DE H. VRAYET DE SURCY ET Ce,

Rue de Sèvres, 37.

—

1851

LA
FÉE DE LA FONTAINE.

LÉGENDE DU VIe SIÈCLE.

Le sol de la France était couvert, au moyen âge, de châteaux, ou plutôt de véritables forteresses, qui, placées, le plus souvent, dans des lieux sauvages ou au sommet de pics inaccessibles, servaient, pour ainsi dire, de repaires à des barons pillards ; et où, plus tard, tout ce qui voulut être libre, tout ce qui voulut être

puissant, vint abriter ses droits derrière d'épaisses murailles.

De la plupart de ces monuments des différents âges
de notre histoire, les révolutions n'ont plus laissé sub-
sister que des ruines; d'autres ont été détruits de notre
temps, et chaque jour encore voit tomber sous le mar-
teau de spéculateurs avides, ces antiques manoirs, à
l'aspect gigantesque et qui semblent, aujourd'hui,
comme honteux d'étaler leurs créneaux démantelés à
la face d'un siècle et au milieu des mœurs si étroites, si
mesquines, qui ont succédé à celles de leurs premiers
hôtes du moyen âge. Bientôt, cette physionomie carac-
téristique d'un temps qui n'est plus, aura sans doute
complétement disparu du sol de la France; le touriste
archéologue sera réduit à évoquer son souvenir, en re-
construisant mentalement ces monuments du passé.
Bien des causes qu'il serait ici hors de propos de re-
chercher, pourraient, sinon justifier, du moins
expliquer cette triste, mais inévitable nécessité de notre
transformation sociale.

En se rendant d'Argentan à Alençon, après avoir
traversé plusieurs sites charmants, on arrive par une
pente douce au bourg de Carrouges, qui est situé
sur le haut d'une colline. Ce bourg, si l'on en croit la
tradition, serait fort ancien; on prétend qu'il existait
déjà dans le sixième siècle. A cette époque, un château

fort, placé presqu'au centre et sur le plateau même, semblait étendre sur lui ses murailles protectrices. Les fouilles opérées en diverses occasions, ont fait successivement découvrir des restes de murs et une citerne, qui ne sauraient laisser de doutes à cet égard. Maintenant, si plus poëte qu'antiquaire, votre imagination aime à se rejeter dans le passé et à le revêtir des couleurs fantastiques de la légende, reportez vos regards sur la droite, à peu de distance de Carrouges, dans la vallée ; admirez un donjon élancé dont le porche conduit à un magnifique et imposant château, et quand vous aurez su que sa construction date de plusieurs époques : que commencé au quatorzième siècle, il fut terminé au quinzième, par JEAN BLOSSEN, grand sénéchal de Normandie, écoutez la légende qu'on raconte dans le pays.

Vers la fin du sixième siècle, ce château, dont les chroniques ne font pas connaître quel nom il portait alors, appartenait au comte Ralph, jeune seigneur, doué des plus nobles qualités et d'une beauté remarquable. Epoux de la comtesse Éveline du Champ de la Pierre, aussi jeune que lui et non moins belle, sept années s'étaient écoulées et leur union était toujours restée stérile. C'était un grand chagrin pour le comte, et l'on peut juger quelle fut sa joie, lorsqu'après cette longue période, la comtesse put lui annoncer qu'il serait bientôt père.

Ralph voulut célébrer par des fêtes cet heureux évé-
nement. Il rassembla aussitôt ses vassaux et les seigneurs voisins pour leur faire part de cette bonne nouvelle. Les réjouissances durèrent plusieurs jours et,
comme c'était alors la coutume, la chasse fut le princi-
pal plaisir auquel on se livra. On vit donc, par une belle
matinée du mois d'avril, les portes du manoir s'ouvrir
pour donner passage aux meutes des seigneurs et à une
troupe nombreuse de varlets, d'écuyers et de cheva-
liers. Bientôt, les joyeux chasseurs s'élancèrent sur
leurs coursiers dans les bois qui entouraient alors la
colline, et toute la journée les échos de la forêt reten-
tirent du son des trompes et des cris joyeux des ve-
neurs.

A la tombée de la nuit, les chasseurs regagnèrent le
château ; le comte seul, emporté par son ardeur, avait
pénétré plus avant que ses compagnons dans les pro-
fondeurs de la forêt, et lorsqu'il songea à revenir sur
ses pas, le soleil allait disparaître tout à fait de l'ho-
rizon. Familiarisé, comme il l'était, avec les mille
ramifications de ces bois, il ne prit nul souci de ce re-
tard et de son isolement, et imprima à sa monture une
allure modérée.

Pour revenir chez lui, le comte devait traverser un
vallon agreste et solitaire, au milieu duquel une fontaine laissait errer ses eaux limpides. Des roches, recou-

vertes d'une mousse séculaire, la ceignaient comme pour la défendre contre l'approche des profanes, et des chênes, géants aux cent bras touffus, ombrageaient ce lieu plein de mystère et qui passait pour le séjour d'une fée.

Lorsque Ralph y arriva, la lune brillait au ciel depuis longtemps : il était bientôt minuit. Tout à coup, son coursier, saisi de terreur, s'arrête immobile; et insensible à l'éperon, il refuse d'avancer. Le comte, surpris, regarde autour de lui pour découvrir ce qui cause l'effroi de son cheval, et ses regards découvrent une jeune fille, vêtue de blanc, assise au bord de la fontaine.

Curieux de connaître quelle était la dame qui, à une heure aussi avancée de la nuit, venait apporter ses rêveries en ce lieu isolé, il mit aussitôt pied à terre et s'avança vers la belle inconnue; mais celle-ci, toujours immobile, semblait ne pas s'être aperçue de sa survenance. A peine le comte eut-il fait quelques pas vers elle, qu'il fut ébloui de la beauté surnaturelle de cette jeune femme, dont la suave figure reflétait la blanche lumière de l'astre des nuits. Attiré par une force invincible, il continua à s'approcher et, se mettant à genoux devant elle, il parut plongé dans une muette admiration. La jeune fille, alors, levant sur lui ses beaux yeux, lui sourit gracieusement, et soudain, le saisissant par la main , elle le força de se relever et de commencer avec elle une danse fantastique autour de la fontaine ; plus ils tournaient , plus la danse devenait vive et plus les cercles qu'ils décrivaient se rétrécissaient ; enfin , la fantastique danseuse l'enlevant de terre , s'élança avec lui dans la fontaine. L'onde, un instant agitée, reprit peu à peu sa tranquillité habituelle.

Le comte ne rentra au château qu'à l'aube naissante. Il raconta qu'égaré dans la forêt, il avait passé la nuit dans la cahute d'un pauvre charbonnier. C'était un de ces événements si communs à cette époque, que personne ne s'en étonna, et les fêtes recommencèrent plus animées. Mais lorsque la onzième heure de la nuit fut venue, Ralph s'esquiva secrètement par la poterne et se rendit au vallon de la fontaine où l'attendait la belle fée.

Il en fut ainsi pendant sept mois. Plusieurs fois la comtesse Éveline avait remarqué les absences répétées de son époux ; de vagues soupçons avaient traversé sa pensée. Enfin, de plus en plus tourmentée, elle résolut d'épier ses démarches.

C'était le jour de la Toussaint. Vers minuit, Eveline, qui feignait de dormir, vit le comte Ralph quitter furtivement sa couche... Elle le suivit de loin et franchit derrière lui la poterne du manoir. Le ciel était sombre, et de gros nuages, que le vent chassait devant lui avec impétuosité, voilaient par intervalles la lune qui ne jetait plus qu'une clarté douteuse. Cependant, un de ces éclats passagers de lumière permit à la comtesse de voir son mari aborder, avec tous les signes de la plus vive tendresse, une femme couverte d'un long voile blanc; puis, un nuage ramenant l'obscurité, elle ne distingua plus rien; mais, déjà, le trait acéré de la jalousie avait pénétré son cœur. Elle rentra au château la rage dans l'âme, et bien décidée à tirer de l'infidélité de son époux une vengeance éclatante.

Le lendemain, jour des Morts, la comtesse se mit au lit comme de coutume, et quoique les cloches de l'église sonnassent à toute volée, elle feignit d'être profondément endormie; mais, lorsqu'au milieu de la nuit, le comte s'esquivant, eut franchi le seuil de la chambre conjugale, la comtesse, qui ne le perdait pas de vue, cacha un poignard dans les replis de sa robe et s'élança sur ses traces.

La nuit était pure et sereine, et son calme n'était troublé que par le tintement des cloches sonnant le glas des trépassés. Dans le vallon solitaire, la belle fée se reposait au bord de la fontaine; une goutte de sang jaillit soudain de son beau col; une autre la suivit, puis une autre, et dans un instant sa blanche tunique fut souillée de larges taches sanglantes. Alors se levant, elle poussa un long gémissement et se précipita dans la fontaine.

Le jour qui suivit, dès l'aube matinale, il régnait grand tumulte au château. On venait de trouver, non loin de la poterne, le corps inanimé du comte Ralph ; un poignard lui traversait la gorge. Les femmes de la comtesse accoururent pour lui annoncer cette fatale nouvelle ; mais lorsqu'elles soulevèrent les courtines du lit et que leurs yeux se portèrent sur elle, un cri d'horreur leur échappa à la vue d'une tache de sang qui maculait son front. Éveline, fort effrayée, saisit son miroir d'acier et eut bientôt reconnu la cause de leur surprise ; alors désespérée, et en proie à d'horribles convulsions, ce fut au milieu de cette crise qu'elle donna le jour à l'enfant qu'elle portait dans son sein, et, presque aussitôt, elle expira.

Cet enfant était beau et fort ; nulle trace du crime de sa mère ne se remarquait en sa personne. Tenu sur les fonts de baptême par son oncle, le sire *de la Lande de Goule*, il en reçut le nom de *Karle*. Son enfance ne fut signalée par aucun fait extraordinaire ; mais lorsqu'il eut atteint l'âge de sept ans, un point rouge et d'ailleurs presque imperceptible, se montra sur son front ; puis, allant toujours s'élargissant, il prit l'aspect d'une tache sanglante, semblable à celle qui

avait stigmatisé le front de sa mère, peu d'instants
avant qu'elle ne le mît au monde. Cette circonstance
le fit surnommer par ses vassaux *Karle le Rouge*, et
telle serait, selon la tradition, l'origine du nom que
porte cette localité.

Karle le Rouge fut le père de sept enfants. Tous portèrent, comme lui, dès qu'ils eurent atteint l'âge de
sept ans, le signe héréditaire ; il en fut ainsi pendant
sept générations. Enfin, Rodolphe, le dernier, n'eut
qu'une fille. Sans doute, la colère de la fée était apai-
sée ; car elle atteignit et dépassa l'âge fatal sans que son
front fût empreint de ce stigmate de sang, et depuis
on vit souvent l'habitante de la fontaine assise et rê-
veuse dans son vallon favori.

Si, traversant Carrouges, le voyageur est curieux,
après avoir entendu le récit de cette légende, d'aller
faire un poétique pèlerinage au *Val des Fées*, qu'il
choisisse une belle soirée d'été. En descendant la pente
fleurie qui y conduit, il verra, sans doute, à travers les
tièdes vapeurs de l'atmosphère, se dessiner sur l'autre
bord la forme indécise d'une femme. Son imagination
séduite lui représentera la fée de la légende ; il pressera
peut-être le pas, rêvant quelque aventure romanesque ;
déjà il sera près d'elle, et soudain ses regards désen-
chantés ne verront plus dans l'être fantastique qu'ils
contemplaient avec les yeux de la pensée, qu'une rus-

tique fille des champs aux bras robustes et hâlés, coiffée d'un bonnet de coton, et fort en peine de réunir sous sa baguette conductrice ses volatiles épars. Les chênes séculaires auront disparu, et la fontaine se montrera ce qu'elle est réellement, un abreuvoir public.

Si le château du sixième siècle a jamais existé, ce dont il est permis de douter, il aurait été détruit avant le dixième ; car, en 1032, Robert, premier duc de Normandie, fit construire une forteresse sur son emplacement présumé ; elle devint la propriété d'une famille qui en prit le nom et qui la posséda pendant plusieurs siècles.

A la mort de Henri Ier, roi d'Angleterre, en 1135, Gauthier de Carrouges se déclara pour Estienne, comte de Boulogne. Geoffroy d'Anjou ne tarda pas à venir, accompagné du comte d'Alençon, assiéger Gauthier dans son château qui fut pris après trois jours d'attaques successives. Le comte d'Anjou y mit garnison ; puis il continua sa marche vers le Houlme. Dès qu'il se fut éloigné, Gauthier, qui guettait son départ, surprit la garnison angevine et se remit en possession de son chastel.

Dans l'an 1200, un seigneur de Carrouges fit partie de l'*Ost* normand que Philippe-Auguste conduisit en Touraine faire la guerre à Jean sans Peur.

Par la suite, ce domaine changea de maître, et au treizième siècle on le trouve dans la maison de BLOSSEN, dont un des membres, vivant au quatorzième siècle, JEAN DE BLOSSEN, fut, ainsi que nous l'avons dit précédemment, grand sénéchal de Normandie.

Lors de la prise d'armes des protestants de basse Normandie, en 1621, ceux-ci, sous les ordres de Chrestien de Vateville, essayèrent de surprendre le château de Carrouges ; mais ils échouèrent dans cette tentative.

Le nom de la famille de Blossen s'éteignit dans la personne de Guillaume de Blossen. Après la mort de ce dernier, sa fille Marie, qui avait hérité de la terre de Carrouges, la porta dans la maison LE VENEUR, par son mariage avec Philippe Le Veneur, baron de Tillière. Une branche de cette famille le possède encore aujourd'hui.

EDMOND D. DE MANNE.

2 juillet 1851.